La démarche qualité est une variable de changement,cas Marodec-Onapar

Rachid Tatouti

La démarche qualité est une variable de changement,cas Marodec-Onapar

Éditions universitaires européennes

Impressum / Mentions légales
Bibliografische Information der Deutschen Nationalbibliothek: Die Deutsche Nationalbibliothek verzeichnet diese Publikation in der Deutschen Nationalbibliografie; detaillierte bibliografische Daten sind im Internet über http://dnb.d-nb.de abrufbar.

Information bibliographique publiée par la Deutsche Nationalbibliothek: La Deutsche Nationalbibliothek inscrit cette publication à la Deutsche Nationalbibliografie; des données bibliographiques détaillées sont disponibles sur internet à l'adresse http://dnb.d-nb.de.

Coverbild / Photo de couverture: www.ingimage.com

Verlag / Editeur:
Éditions universitaires européennes
ist ein Imprint der / est une marque déposée de
OmniScriptum GmbH & Co. KG
Heinrich-Böcking-Str. 6-8, 66121 Saarbrücken, Deutschland / Allemagne
Email: info@editions-ue.com

Herstellung: siehe letzte Seite /
Impression: voir la dernière page
ISBN: 978-3-8417-4902-4

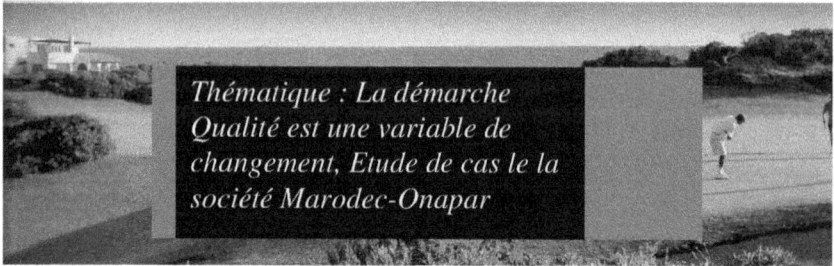

Thématique : La démarche Qualité est une variable de changement, Etude de cas le la société Marodec-Onapar

ONAPAR-MARODEC

La démarche certification, une variable de   changement.
Etude de cas ONAPAR-MARODEC

Nom du chercheur	TATOUTI RACHID
Diplôme préparé	MBA pour cadres
Etablissement	Université UQAM de Monreale Canada
Historiques	Version initiale V1.0 Elaborée le :18-12-2007
Actualisation	21-01-2008

REMERCIEMENTS

Je tiens à exprimer ma profonde reconnaissance en premier lieu à Monsieur *ABDELHAMID SKOURI* qui m'a aidé avec ses précieux conseils et orientations tout au long de ce travail.

Je tiens à remercier monsieur *SALAHEDDINNE SOULEIMANI* pour l'aide documentaire, bibliographique et ses interventions judicieuses qui m'ont aidé à avancer dans des voies nouvelles.

Toute ma gratitude et ma reconnaissance vont à mon père, ma mère, ma femme, mes frères et sœurs qui ont toujours souhaité assister à ce travail et pour m'avoir supporté pendant sa réalisation.

Plan du travail

Titre du thème : La démarche certification, une variable de changement. Etude de cas ONAPAR-MARODEC.

INTRODUCTION

Partie I : la certification ; une démarche de changement

I. Le changement et l'organisation

A. 1Le changement est une nécessité
    A.1 Définitions et concept
    A.2 Le changement est une action subie ou choisie

B. Quel type de changement choisir ?
    B.1 mobiles de changement
    B.2 Types de changement

    II. La démarche qualité ; un projet de changement
A. La qualité et le changement
    A.1 Définitions et concepts de la qualité
    A.2 La conduite du changement par la qualité
B. Problématique
    B.1Démarche qualité
    B.2 L'Homme dans l'organisation

Partie II : Etude de cas «Entreprise ONAPAR-MARODEC»

I. Présentation de l'entreprise
II. Système de Management de la Qualité
III. Analyse de la situation du changement
    a. Questionnaire
    b. Traitement & analyse

CONCLUSION

INTRODUCTION

La notion d'entreprise a beaucoup évolué au fil des années. Après les entreprises fordiennes et toyotiennes…, c'est aujourd'hui le tour de formes nouvelles qui s'apparentent plus à un concept technologique. Parmi les paramètres qui ont participé à cette évolution figure « la qualité »

La qualité signifie, selon une approche technique ; satisfaire le client et lui offrir exactement ce qu'il désire sans plus. Offrir un bien ou un service qui dépasse les attentes du consommateur ne serait pas de la qualité, mais de la sur qualité. Pourquoi engager des frais supplémentaires si les objectifs en termes de satisfaction et de fidélisation sont atteints ?

A partir de cela, des normes ont été élaborées et des procédures de mise en place et de certification ont été établies. ISO9001, 9002 ou 9003 sont des appellations adoptées pour désigner les niveaux d'intégration du management par la qualité dans les rouages de l'entreprise. Ainsi ISO9003 signifie la mise en place d'un contrôle qualité au niveau des phases terminales de production. La 9002 se concentre plutôt sur le produit. La 9001 concerne l'adoption des aspects qualité à partir des premières phases de la conception.

Le client prend une place centrale dans le processus. Cependant, il ne s'agit plus uniquement du consommateur classique, mais aussi du client interne : l'employé. Ce dernier est une pièce maîtresse dans le puzzle de la qualité. A ce titre, il est utile de rappeler que la démarche prend naissance dans les bureaux du top management et se propage à l'ensemble des ressources en œuvre dans l'entreprise.

Une prise de conscience générale de l'enjeu est fondamentale. D'où la nécessité d'impliquer l'ensemble du personnel à travers des opérations de formation et de participation aux processus de prise de décision.
Un management participatif et indiqué dans pareilles démarches. En fait, la satisfaction du client externe est un objectif qui ne peut être atteint que par la participation de tous. Du portier aux directeurs. Le rôle du chef d'entreprise revient donc à initier le processus et à veiller et assurer une bonne coordination entre les différentes parties en cause.

Bref, la certification est vite devenue incontournable au niveau des opérations commerciales internationales. L'attestation de qualité est devenue, de ce fait, discriminatoire pour ces entreprises qui ne voulaient ou qui ne pouvaient se faire certifier ; l'opération restait relativement coûteuse en termes de temps et d'argent.

Une nouvelle barrière était née. Il ne suffit plus aujourd'hui de se faire certifier 900n, l'environnement entre aussi en jeu avec ISO14001. Cette dernière intègre la prise en considération de contraintes environnementales aux niveaux des processus de production. Autrement dit il ne s'agit plus de s'assurer que le client est satisfait, il faut en plus faire attention de l'environnement.
Au delà des concepts théoriques du changement sensés fournir le cadre général permettant de comprendre et de traiter toutes les solutions. Notre recherche va s'étaler sur deux parties menées; la première traitera la certification en tant que démarche de changement, la deuxième portera sur l'expérience ONAPAR-MARODEC.

La démarche qualité est une démarche de changement

L'ouverture des frontières du pays et la mondialisation de l'économie imposent un niveau de compétitivité aux entreprises marocaines. Ces dernières doivent améliorer leurs performances pour rester compétitives, survivre et se développer .Ces contraintes dictées par les enjeux du marché nécessitent des mises à niveau récurrentes du système du management ., Les entreprises se doivent d'être dans un processus de progrès permanent à tous les niveaux de l'organisation.

La démarche qualité est un processus de progrès et un projet de changement.
Pour GOLDARTT, Le processus de progrès permanent est le fait « d'être capable de disséquer les environnements les plus complexes pour atteindre le problème fondamental, d'être capable de construire et de vérifier des solutions qui font réellement disparaître les effets négatifs sans en créer de nouveaux, et par dessus, provoquer un tel changement majeur sans à-coups et sans lever de résistances, mais au contraire, de l'enthousiasme ».

Le contexte socioculturel qui présente des leviers et des résistances figure parmi les environnements les plus complexes dont il faut tenir compte pour maîtriser le processus de mise en œuvre de la démarche qualité.

En effet, Chaque entreprise développe à sa façon son processus de mise en œuvre car on ne dispose pas de démarche standard. Jusqu'à présent on s'est attaché beaucoup plus à poser des problèmes qu'à proposer des solutions à de leurs résolutions.
Les processus de mise en œuvre d'une démarche qualité ne sont pas maîtrisés parce qu'ils n'arrivent pas à impliquer le personnel à tous les niveaux et ils ne prennent pas en compte la dimension socioculturelle. Il s'agit de minimiser l'impact des résistances et de profiter pleinement des leviers existants. Surmonter cette étape charnière en associant l'ensemble du personnel au pilotage des différentes phases du projet constitue un pas primordial pour la réussite des objectifs escomptés.

I) LE CHANGEMENT ET L'ENTREPRISE

A. LE CHANGEMENT EST UNE NECESSITE

1. DEFINITIONS ET CONCEPTS

Le changement demeure une des préoccupations majeures des responsables des entreprises et des autres types d'organisations. Il est généralement synonyme de restructuration et de mise à niveau du fonctionnement des entreprises. Aujourd'hui, il est associé aux vastes mouvements stratégiques des entreprises : fusions et acquisitions, mondialisation des activités,...Face à une concurrence de plus en plus vive et un environnement en perpétuelle évolution, les entreprises sont contraintes de se remettre en cause.

Des secteurs entiers comme la micro-informatique et l'automobile sont contraints de changer en permanence .Les technologies deviennent rapidement obsolètes, la durée de vie de produits se raccourcit, la concurrence innove toujours plus .Etre dans une position de monopole n'est plus aujourd'hui synonyme d'immobilisme .Le changement est partout.

Le changement a lui-même changé de statut. Il est le moyen de passer d'un état à un autre, que l'on veut atteindre. C'était un mal nécessaire, une situation provisoire maintenant, le changement fait partie intégrante de la vie de l'entreprise, il est intégré à son fonctionnement.

On sait que rien n'est acquis, que tout est rapidement dépassé. Le caractère provisoire est perçu dés le début. Cela n'est pas sans poser de multiples problèmes. Le sentiment d'être dans une situation qui finira par changer risque de déboucher sur une moindre implication, sur un niveau d'exigence moins élevé en termes de compétences, de qualité, de fonctionnement. Les imperfections et les dysfonctionnements seront d'autant plus facilement acceptés que la situation dans laquelle ils se sont développés et perçues comme non durable. Peu importe les faiblesses actuelles puisqu'une prochaine réorganisation bouleversera les règles du jeu et anéantira les efforts que l'on aurait pu entreprendre pour améliorer l'organisation présente.

Le changement, quel que soit sa nature, exige de déstabiliser la situation existante. Plus celle-ci est stable, plus le changement est difficile à réaliser. L'adaptation parfaite à un environnement donné devient un lourd handicap lorsque celui-ci évolue. Toutes les ressources de l'entreprise ont été mobilisées pour exploiter aux mieux les conditions .Lorsque l'environnement bouge de plus en plus vite comme aujourd'hui, la capacité à évoluer rapidement est un atout beaucoup plus important que la perfection de l'organisation et son fonctionnement, le changement devient naturel pour l'entreprise.

2. LE CHANGEMENT EST UNE ACTION SUBIE OU CHOISIE

Nulle entreprise n'échappe à la nécessité de changer, mais les dirigeants peuvent se contraindre ou au contraire être contraints de le faire. Quand il est décidé volontairement il vise soit l'amélioration d'une situation, soit l'anticipation possible de la dégradation possible de celle-ci.

Le changement est décidé soit pour améliorer la situation, soit pour anticiper une possible dégradation de celle-ci. Dans tous les cas, les dirigeants disposent alors d'une marge de manœuvre importante pour mettre en œuvre le processus du changement. Ils ne sont pas prisonniers de contraintes fortes qui les obligent à brusquer les événements de façon parfois dramatique. Quand il est subi… Il devient alors la condition nécessaire à la survie de l'entreprise.

Le retard dans sa mise en œuvre peut avoir plusieurs causes : l'erreur de prévision, l'absence d'anticipation des dirigeants. La remise à plus tard de l'engagement des actions nécessaires. Les dirigeants sont conscients de la nécessité du changement, mais ils ne le décident pas, soit parce qu'ils ne veulent pas assumer les risques liés à tout changement, soit parce qu'ils refusent les conséquences qui en découlent tout en les sachant inévitables, telles que les licenciements importants ou une baisse provisoire de rentabilité.

Enfin, l'impact à mettre en œuvre le changement est un autre facteur qui explique le caractère subi du changement. Dans ce contexte, les dirigeants sont conscients de la nécessité de faire évoluer l'entreprise. Ils ont d'ailleurs pris la décision d'engager un processus de changement, mais celui-ci n'a pas débouché aux résultats escomptés. L'entreprise ne change donc pas, en un moment où les circonstances lui auraient permis de faire volontairement et finit par se trouver dans une situation où elle est obligée de changer dans des conditions devenues difficiles. Cette cause là est probablement la plus répondue.

B. QUEL TYPE DE CHANGEMENT CHOISIR ?

Le changement est donc nécessaire, ses mobiles sont divers, ainsi que les formes qu'il peut prendre.

1. MOBILES DE CHANGEMENT

Le changement concerne l'ensemble des entreprises. Il est le résultat d'un processus de décision plus ou moins formel et explicite, qui intègre le besoin d'adaptation et les initiatives internes. La spécificité de chaque entreprise sur ces deux aspects fait que chaque changement est unique. Toutefois un certain nombre de traits communs se dégagent par rapport à ce qui le motive. Les causes du changement peuvent être d'ordre externe ou bien d'ordre interne.

- Les causes externes correspondent à des changements qui sont provoqués par des éléments extérieurs à l'entité qui va changer. Il s'agit généralement d'éléments qui constituent l'environnement de l'entreprise. Elles sont très nettement les plus fréquentes.

- Les causes internes, correspondent à des changements induits par l'entreprise : volonté de développement et vision du/des dirigeant(s) essentiellement

2. TYPES DE CHANGEMENT

A l'instar des mobiles du changement, ses types peuvent revêtir formes. Dans certains cas il est très circonscrit et bref, dans d'autres très vaste, très profond et long, parfois encore il est rapide et violent. Il peut être très consensuel ou imposé par les dirigeants. Trois dimensions majeures permettent de caractériser les types de changements :

- Sa profondeur du changement

- Sa rapidité du changement

- Son mode d'imposition choisi

Des relations fortes existent naturellement entre ces trois dimensions.
Le chois du type de changement, tout comme le changement lui-même, peut être libre ou non. Choisir de changer à partir d'une multitude de changements de faible profondeur menée avec un consensus initial suppose que l'environnement et l'entreprise le permettent. Un bon niveau de prévision favorise la possibilité d'utiliser des changements peu profonds et multiples. Une bonne maîtrise de l'environnement permet de disposer de plus de temps et donc de décider du moment et de la rapidité du changement envisagé. Une bonne adaptabilité au changement autorise des renouvellements plus rapide et plus nombreux, tout en favorisant le consensus.
Le dirigeant est donc rarement entièrement libre de choisir le type de changement qu'il va amorcer, celui-ci étant la résultante de la volonté du dirigeant, d'une part, et des opportunités et contraintes internes et externes, d'autre part.

II) LA DEMARCHE QUALITE ET LE CHANGEMENT

La phase actuelle de la mondialisation détermine une large apparition des différences culturelles (DEMORGON, 2000). Si les principes de la qualité et de l'excellence paraissent universels, Leur mise en œuvre ne peut être que locale en fonction de la diversité et des spécificités des cultures.

A. DEFINITIONS ET CONCEPTS DE LA QUALITE

L'ISO 8402 définit le concept qualité par « l'ensemble caractéristiques d'une entité qui lui confèrent l'aptitude à satisfaire des besoins exprimés et implicites ». Cette définition a évolué et ISO 9000 : définit le concept de qualité comme suit « Aptitude d'un ensemble de caractéristiques intrinsèques à satisfaire des exigences ».

Par ailleurs, ISO 8402 définit le management par la qualité totale par « Mode de management d'un organisme, centré sur la qualité, basé sur la participation de tous ses membres et visant au succès à long terme par la satisfaction du client et des avantages pour tous les membres de l'organisme et pour la société.

SHIBA définit « le management par la qualité total comme un système évolutif, développé avec succès dans les industries, destinés à l'amélioration continue des produits et des services, dans le but d'accroître la satisfaction du client dans un monde en rapide évolution »

HAMLIAN note « Que d'autres, disciplines scientifique, viennent approfondir et développer de façon croissante les notions liées à la qualité. Ainsi, les sciences humaines, comme la sociologie, la psychologie, l'histoire ou encore l'économie permettent de mieux maîtriser les enjeux humains et de recentrer la qualité sur la notion de client ».

Le concept de qualité ainsi que la démarche qualité ont suivi une évolution allant de la conformité à l'adéquation avec les valeurs et avec l'environnement social et global, Le tout est formalisé tel que le système de management de la qualité ou les référentiels d'excellence.

Il existe trois modèles d'excellence au niveau international ; le prix deming pratiqué au Japon depuis 1951, le prix Malcolm Baldrige mis en place aux Etats unis en 1987 et le prix EFQM,modèle de performance des entreprises européennes depuis 1991.

Le modèle, repose sur le préalable suivant : « D'excellents résultats peuvent être obtenus au niveau de l'activité et de sa performance, du client, du personnel et de la collectivité grâce à un leadership qui actionne et entraîne la politique et la stratégie, le personnel, le partenariat, les Ressources et les processus »

B. LA CONDUITE DU CHANGEMENT, PAR LA QUALITE

1. APPRENTISSAGE ET DEMARCHE QUALITE

SHIBA décrit « Le système de management qualité comme un système d'apprentissage qui se concentre sur le développement des compétences à chaque niveau. Il améliore les ressources humaines».

Cet auteur soutient que « l'aspect le plus important du SMQ réside dans le développement de l'individu et l'encouragement de l'homme à l'apprentissage ». En particulier, il exige des dirigeants capables de développer leurs connaissances théoriques pratiques de la qualité.

2. APPRENTISSAGE ET MODELE D'EXCELLENCE EFQM

Le référentiel d'excellence attache une grande importance à l'apprentissage. Parmi les huit principes fondamentaux de l'excellence ; le principe concernant les processus continus d'apprentissage, d'innovation et d'amélioration qui stipule ; « La performance de l'organisation est optimisée lorsqu'elle s'appuie sur le management et le partage des connaissances, au sein d'une culture d'apprentissage, d'innovation et d'amélioration,continus.
De même EFQM définit les connaissances comme « un maillon de la hiérarchie composée des données, de l'information et du savoir ».
Par ailleurs, le modèle d'excellence EFQM, l'apprentissage, la connaissance et la compétence au niveau de l'individu, des équipes et de l'organisation reviennent à plusieurs reprises.

3. LA DEMARCHE QUALITE ET LE CHANGEMENT

La démarche qualité est un système d'apprentissage. Par ailleurs le modèle d'excellence EFQM accorde une place importante aussi bien à l'apprentissage qu'au changement.
Or ce dernier est un processus qui passe par l'apprentissage, la démarche qualité est donc un processus de changement.

L'objectif de notre recherche est de concevoir une démarche pour conduire le changement par la qualité dans un contexte socioculturel spécifique. Ceci va nous permettre de définir les risques qui lui sont intrinsèquement inhérents. Autrement dit minimiser l'impact des résistances et profiter pleinement des leviers du contexte socioculturel.

Sachant que l'aboutissement de cette démarche nécessite le balisage des poches de résistances susceptibles de se dresser contre le projet.
Pour illustrer notre recherche, nous allons étudier le cas concret de la société ONAPAR-MARODEC.

C. PROBLEMATIQUE

1. DEMARCHE QUALITE

La mise en œuvre de la démarche qualité introduite le concept de la culture d'excellence ; « les dirigeants développent la mission, la vision et les valeurs de l'organisation et ont un rôle de modèle dans une culture de l'excellence». EFQM considère la culture comme un éventail complet des comportements que transmettent, mettent en pratique et renforcent les membres d'une organisation. Comment concilier donc entre cette culture d'excellence et la culture nationale.

La démarche qualité qui est un système de management, ne peut donc ignorer la diversité des cultures, Il n'y a pas une seule bonne méthode d'application du système de management qualité. Celle-ci doit être adaptée à la culture et à l'histoire de chaque entreprise.

Pour BOUDAREL, « Mettre en mouvement l'entreprise en direction d'un SMQ, C'est agir sur les quatre éléments qui la constituent : la culture, le management, les structures et les systèmes »
Pour réussir le changement par la qualité, il faut donc prendre en compte la dimension socioculturelle.

Nous formulons notre problématique comme suit : **La démarche qualité étant un projet de changement, comment le conduire, tenant compte du contexte socioculturel, dans la société ONAPAR-MARODEC ?**

En effet la conjonction de plusieurs phénomènes complexes, liés à l'environnement et aux processus de mise en œuvre de la démarche qualité. Notre recherche sera axée sur la dimension humaine ; car l'homme se trouve au cœur de ce noyau, d'ou l'implication et la participation du personnel à tous les niveaux du pilotage du projet.

2. L'HOMME DANS L'ORGANISATION

Compte tenu de l'importance de l'homme au sein de l'organisation, comment impliquer le personnel aux différents niveaux de l'organisme ? Nous postulons donc que pour conduire le changement par la qualité, il faut impliquer tout le personnel à tous les niveaux hiérarchique dans la mise en œuvre de la démarche qualité, cela devra nous permettre de respecter les principes universels de la qualité et de l'excellence.

- Principe de qualité, implication du personnel (ISO 9000 :2000) : « Les personnes sont à tous les niveaux l'essence même d'un organisme ; et donc une totale implication de leur part permet d'utiliser leurs capacités au profit de l'organisme ».

- Principe de l'excellence, développement et implication du personnel « le potentiel du personnel de l'organisation est pleinement libéré grâce au partage des valeurs et à une culture fondée sur la confiance, la responsabilisation et le pouvoir d'agir qui stimule l'implication de tous ».

GENELOT considère « que les Hommes dans l'entreprise ne vivent pas hors du temps, hors de leurs histoires et hors de l'environnement. Ils sont insérés dans un contexte culturel, économique et social, dont ils dépendent et qui les façonnent. Cette dépendance réciproque introduit un facteur supplémentaire dans le management. Les Hommes sont le fruit d'une lignée, d'un peuple et d'une région qui ont forgé leurs traditions et leurs croyances. Avant l'entreprise, l'école, la vie familiale et le sociale ont modelé leurs comportements. Pour Edgar Morin, « La culture est dans l'esprit qui est dans la culture ».

En effet, la dimension socioculturelle joue un rôle important dans la conduite du changement par la qualité, compte tenu des spécificités culturelles.

Etude de cas,
MARODEC -ONAPAR

III) PRESENTATION DE LA SOCIETE

A. FICHE SIGNALETIQUE DE MARODEC

La société MARODEC est une Société Anonyme créée en 1931

Coordonnées	Adresse	: 52, Avenue Hassan II. 20000 Casablanca
	Tél	: 022 42 98 06
	Fax	: 022 29 31 92

Capital social   : 5,2 Millions de Dirhams

Actionnariat   : 100% ONAPAR

Activité   : Maîtrise d'ouvrage déléguée : Réalisation de projets immobiliers pour le compte de sociétés filiales ou partenaires du groupe ONA.

Missions
- : Gestion des projets immobiliers du groupe :
- Etudes de Faisabilité et rentabilité des projets
- Gestion des Achats de prestations de services
- Gestion administrative des projets
- Conduite des études et suivi des travaux sur chantier
- Gestion financière des projets
- Livraison des projets
-

Effectif   : 120 personnes

B. ENVIRONNEMENT ET CLIENTS

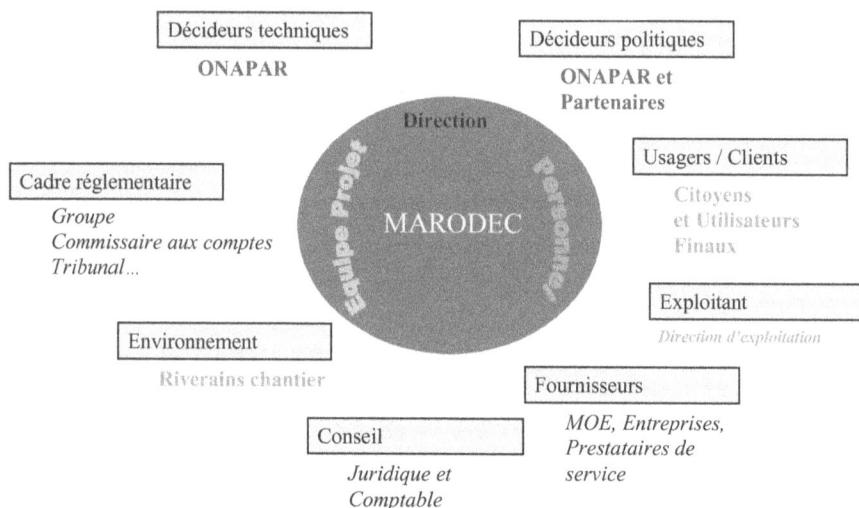

Décideurs techniques
ONAPAR

Décideurs politiques
ONAPAR et
Partenaires

Direction

Usagers / Clients
Citoyens
et Utilisateurs
Finaux

Cadre réglementaire
Groupe
Commissaire aux comptes
Tribunal...

Equipe Projet
MARODEC
personnel

Exploitant
Direction d'exploitation

Environnement
Riverains chantier

Fournisseurs

Conseil
Juridique et
Comptable

MOE, Entreprises,
Prestataires de
service

client contractuel
client non contractuel
partenaire

Un projet dans son contexte
Les intervenants autour d'un projet

C. MISSIONS

La mission essentielle et quasi-exclusive de MARODEC est, du fait même de son objet social, la maîtrise d'ouvrage déléguée pour la réalisation de projets immobiliers pour le compte des sociétés filiales et partenaires du Groupe ONA

D. LES DOMAINES D'ACTIVITES

Pour mener à bien sa mission, MARODEC assure :

- Le pilotage des études et de la réalisation des travaux sur chantier
- La livraison des ouvrages aux clients
- Les actions d'information des ces clients et partenaires
- La gestion financière des projets dans le strict respect des exigences des clients.
- L'élaboration des actes d'achats de prestations de services propres aux projets.
- La gestion administrative des projets

E. GESTION DES RESSOURCES ET ORGANISATION

Afin de maîtriser les projets qu'ONAPAR et ses partenaires ont confiés à MARODEC, celle-ci s'est dotée d'une organisation basée sur le principe de Management de Projet.
Elle contribue directement à la satisfaction du client.

Pour chaque projet, un chef de projet est désigné par le Direction de MARODEC (Directeur et Directeur Technique). Sous la tutelle de son directeur technique, il s'appuie sur une équipe de partenaires recouvrant les corps d'état et les métiers nécessaires à l'atteinte de ses objectifs.

Le management des ressources de MARODEC est assuré par la Direction. En fonction des besoins humains, matériels et techniques identifiées tout au long des projets, la direction déploie les ressources nécessaires.

Les actions d'identification, de mise à disposition et de déploiement des ressources sont assurées par les processus de Management : Politique, Organisation et Amélioration, Management des Ressources Humaines et Communication Interne.

Pour MARODEC, sont essentiellement concernés les ressources humaines et les outils informatiques.

F. ORGANIGRAMME DE MARODEC

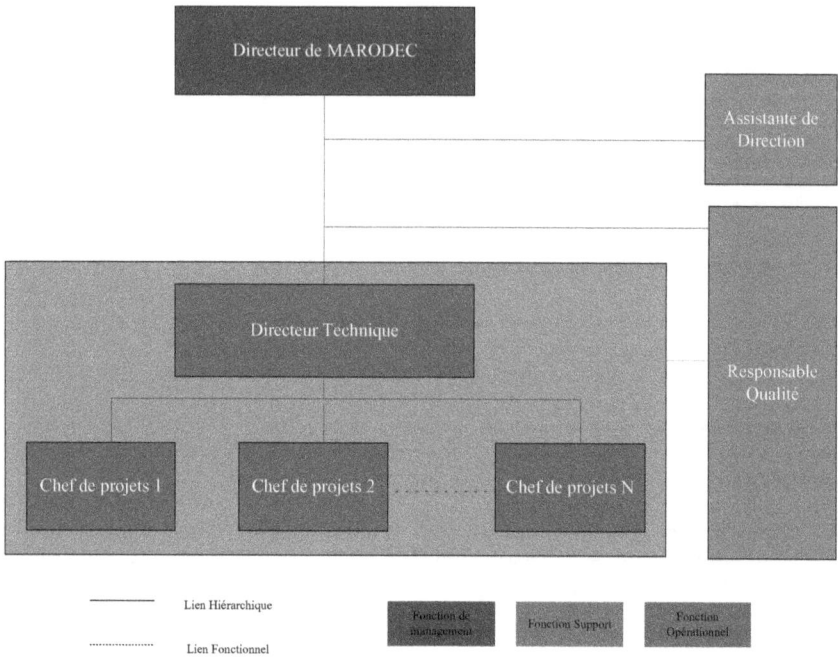

G. SYSTEME DE MANAGEMENT DE LA QUALITE ONAPAR-MARODEC

Afin de conserver une « vue orientée client », MARODEC s'appuie sur la cartographie de ses processus à la fois pour bâtir son référentiel et améliorer ses performances.

1. CARTOGRAPHIE DES PROCESSUS

Processus de management

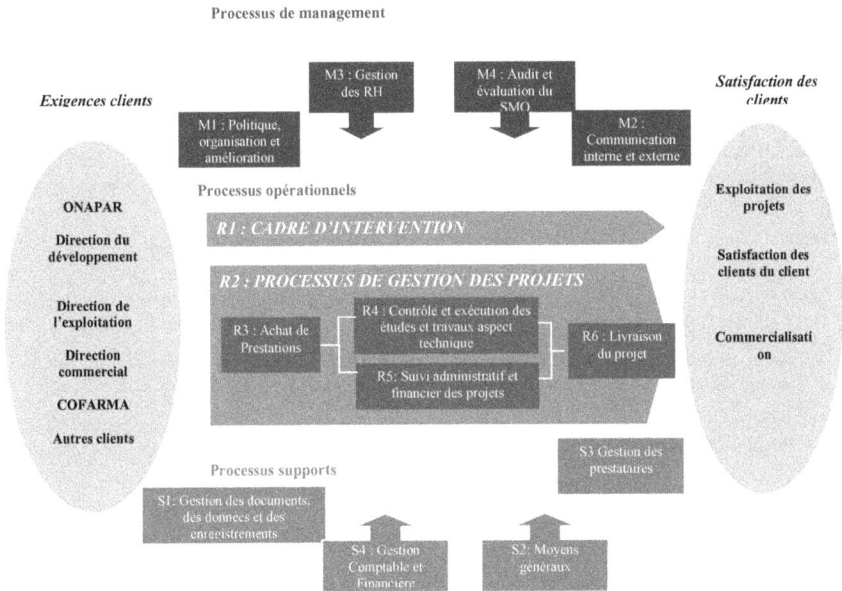

Pour maîtriser ses activités, le fonctionnement de MARODEC est structuré selon trois types de processus :

- Les processus de Management M1 à M4
- Les processus de Réalisation R1 à R6
- Les processus Support S1 à S4

Cette cartographie est obtenue en identifiant :

- Les processus de Réalisation qui participent directement à la satisfaction des besoins du client
- Les processus Support et de Management qui sont indispensables au fonctionnement de l'entreprise

Des Processus en Relation

Chaque processus est défini dans une fiche processus qui contient un tableau présentant les processus en interfaces avec le processus concerné. Les interfaces sont précisées par des données d'entrée et de sortie.

Des Processus Pilotés

Un pilote de processus est identifié. Ce responsable en garantit la cohérence de mise en œuvre et son évolution

2. FINALITES DES PROCESSUS

M1 S'adapter à la forte évolution des besoins de nos clients par l'optimisation de nos processus et de notre organisation.

Fédérer le personnel de MARODEC autour d'axes forts concernant des actions de développement et de progrès.

M2 Réaliser et mettre en œuvre le plan de communication Informer et impliquer le personnel en communiquant avec lui.

M3 Disposer du personnel adapté aux besoins de MARODEC. Identifier, développer et maintenir les compétences du personnel. Exécuter les obligations administratives dans le respect des délais.

M4 Mesurer l'efficacité du SMQ par rapport aux attentes des clients et aux objectifs du groupe. S'assurer que MARODEC remédie aux dysfonctionnements du SMQ par la mise en œuvre des actions d'amélioration

R1 Définir un cadre clair, précisant les exigences et les responsabilités du MO et du MOD

R2 Assurer la maîtrise du déroulement des projets

R3 Maîtriser la sélection, le choix et la gestion administratives des conventions/ contrats / marchés avec les partenaires

R4 S'assurer que le projet sera réalisé dans les délais, selon le coût et conformément aux exigences du MO. Vérifier que les composantes techniques d'un projet sont en adéquation avec les exigences du MO, conformes aux normes et règles de l'art.

R5 Assurer l'utilisation optimale des ressources financières allouées aux projets. Assurer le traitement des demandes de règlement des prestations.

R6 Livrer le projet dans les délais, selon le coût et conformément aux exigences du Maître d'ouvrage. Evaluer la performance du projet.

S1 Garantir une traçabilité des documents et des actes accomplis dans le cadre des projets. Définir les règles de gestion des enregistrements ayant une incidence sur la qualité des prestations.

S2 Disposer des moyens de travail répondant aux besoins et dans les délais

S3 Disposer d'un réseau de partenaires :

- adaptés aux besoins de MARODEC et à ceux de ses clients et répondant aux critères de qualité de MARODEC

S4 Disposer des moyens de travail répondant aux besoins et dans les délais

NB : Certains processus de MARODEC, Gestion des Ressources Humaines, Audit et évaluation du SMQ, Gestion Comptable et Financière et Moyens Généraux, sont externalisés et gérés par des structures de la holding, ONAPAR.

Dans le cadre de cette externalisation de service et conformément aux exigences de la norme ISO 9001 V2000, il a été convenu de formaliser la relation entre MARODEC d'une part, et ONAPAR, d'autre part, par l'élaboration et la mise en place d'un Contrat de Service selon les conditions déterminées dans ce dernier

3. CONTRIBUTION A LA MISE EN ŒUVRE DU SMQ

La mise en œuvre du Système Qualité est garantie par la contribution de quatre types d'acteurs :

La Direction de MARODEC avec le Comité de Direction est responsable de l'application du SMQ

Le Pilote de processus veille à l'application cohérente de son processus, il valide ses évolutions

L'Auditeur évalue l'application et l'efficacité des processus

Le Responsable Qualité maîtrise le référentiel, garantit la cohérence du Système Qualité et sa conformité aux exigences de la norme ISO 9001.

4. REVUE DE DIRECTION

Afin d'assurer l'efficacité du Système Qualité par rapport à sa politique et ses objectifs, MARODEC réalise une fois par an une Revue de Direction animée par le Responsable Qualité. Ainsi la Direction est amenée à décider d'actions d'amélioration et d'évolution du Système et de la Politique   Qualité

5. AMELIORATION CONTINUE DU SYSTEME

Au-delà des actions liées aux NC, AC, AP « rattachées » fortement à l'ouvrage, il est nécessaire de mettre en place une boucle de la qualité permanente qui concerne tout autant les processus et le système. Le but est de faire ressortir les principales sources d'amélioration et d'y associer des plans d'actions, dont les effets, mesurés, relancent à nouveau la réflexion :

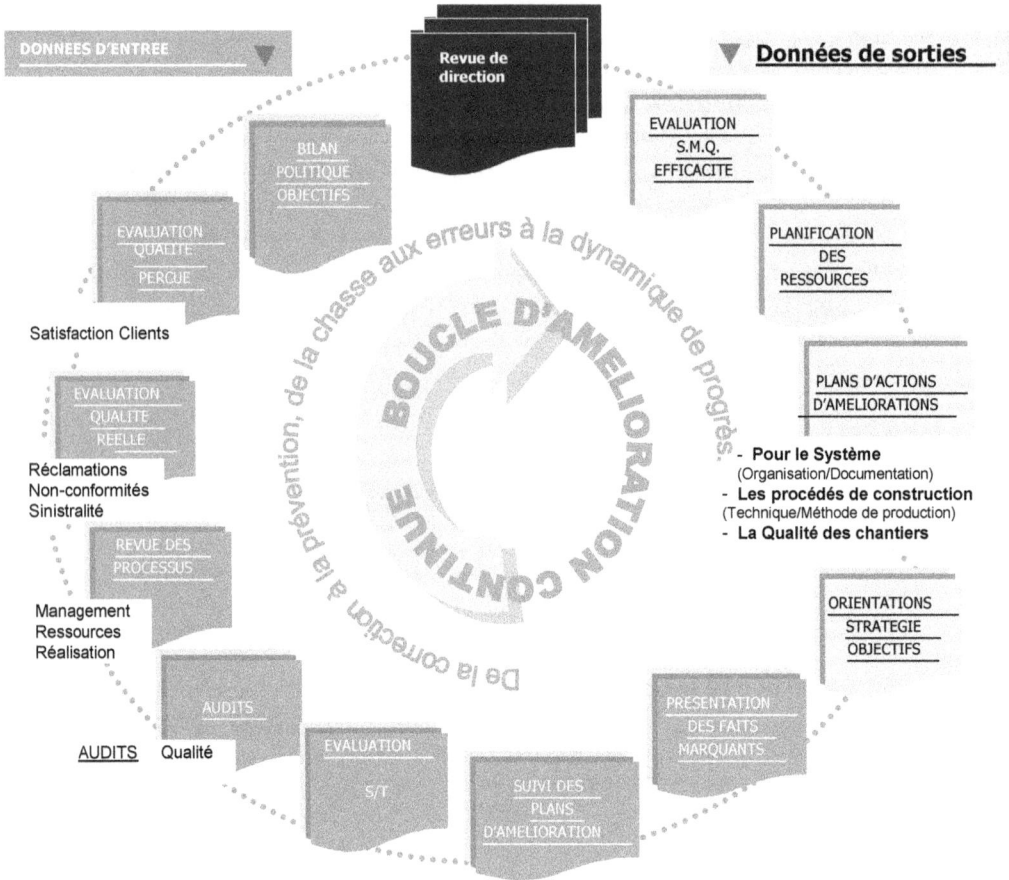

6. DOCUMENTATION DU SYSTEME DE MANAGEMENT DE LA QUALITE

Le Manuel Qualité s'applique à toutes les activités de MARODEC et est établi en référence à la norme ISO 9001 V2000

Exclusion : Le Chapitre 7.6 de la norme est exclu. Le système de management de la qualité s'appuie sur un ensemble de procédures
(Cf. liste des procédures).

Les documents du système qualité : le Manuel de Management de la Qualité (MMQ), les fiches Processus, les procédures, les fiches et formulaires, les documents sont gérés par le Responsable Qualité.

Ils sont consultables sur AGORA.
Les enregistrements qualité sont définis dans les procédures correspondantes.
Elles identifient le responsable de l'archivage, le lieu et la durée de l'archivage de chaque type d'enregistrement.

Les documents projets sont gérés par les chefs de projets.
Ces derniers et le secrétariat tiennent à jour et suivent un plan de classement des documents défini dans les procédures correspondantes.

Les documents relatifs à la veille technique et règlementaire sont gérés par le responsable veille technique et règlementaire conformément à la procédure y afférente.

IV) ANALYSE DE LA SITUATION DE CHANGEMENT

A. LE QUESTIONNAIRE D'ENQUETE (VOIR ANNEXE)

B. TRAITEMENT ET ANALYSE DU QUESTIONNAIRE

Sexe	Réponses	fréquence
masculin	17	70,8%
féminin	7	29,2%

Question2 :

Age	Réponses	Fréquence
20-25	2	8,3%
25-35	9	37,5%
35-45	11	45,8%
45 et plus	2	8,3%
Total	24	100%

Question3 :

Responsabilité	Réponses	Fréquence
Cadre moyen	15	62,5%
Employé	4	16,7%
Cadre supérieur	2	8,3%
Autres	3	12,5%
Total	24	100%

Question4 :

Ancienneté	Réponses	Fréquence
-2ans	12	50%
2-5	5	20,8%
5-10	3	12,5%
+10ans	4	16,7%
total	24	100%

Question5 :

Affectation	Réponses	Fréquence
DG	0	0
DRH	4	16,7%
Audit	1	4,2%
Moyens généraux	2	8,3%
Compta et financière	3	12,5%
Autres	14	58,3%
total	24	100

motifs de la démarche	Nb. cit.	Fréq.
satisfaction clientèle,réduction des couts	8	33,3%
Développement du CA	9	37,5%
renforcer le positionnement de l'etse	4	16,7%
Autres	4	16,7%
TOTAL OBS.	24	

Question5 :

action projet	Nb. cit.	Fréq.
Oui	13	54,2%
Non	11	45,8%
TOTAL OBS.	24	100%

Question6 :

implication	Nb. cit.	Fréq.
Très impliqué	8	33,3%
impliqué	5	20,8%
moins impliqué	6	25,0%
non impliqué	5	20,8%
TOTAL OBS.	24	100%

Question7 :

changement	Nb. cit.	Fréq.
efficacité	16	66,7%
rapidité	10	41,7%
complexité	0	0,0%
autres	2	8,3%
TOTAL OBS.	24	

Question8 :

satisfaction	Nb. cit.	Fréq.
Très satisfait	2	8,3%
satisfait	19	79,2%
peu satisfait	3	12,5%
non satisfait	0	0,0%
TOTAL OBS.	24	100%

Tableau croisé :

action projet / implication	Oui	Non	TOTAL
Très impliqué	7	1	8
impliqué	4	1	5
moins impliqué	2	4	6
non impliqué	0	5	5
TOTAL	13	11	24

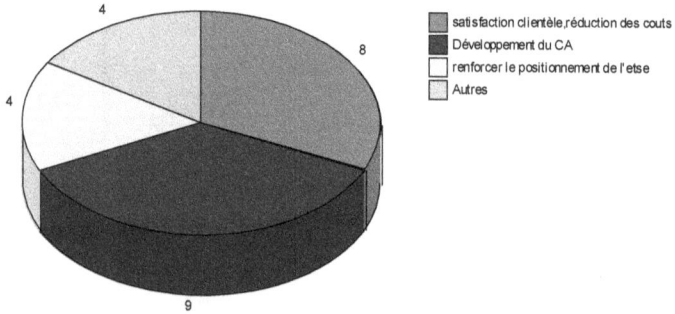

motifs de la démarche

- satisfaction clientèle,réduction des couts
- Développement du CA
- renforcer le positionnement de l'etse
- Autres

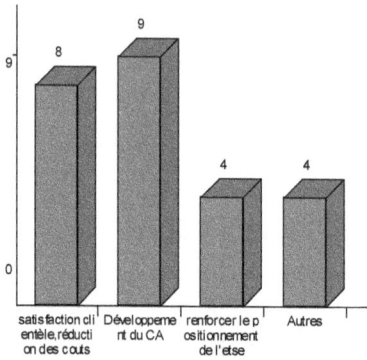

motifs de la démarche

satisfaction changement	Très satisfait	satisfait	peu satisfait	non satisfait	TOTAL
efficacité	1	13	2	0	16
rapidité	2	7	1	0	10
complexité	0	0	0	0	0
autres	0	2	0	0	2
TOTAL	3	22	3	0	28

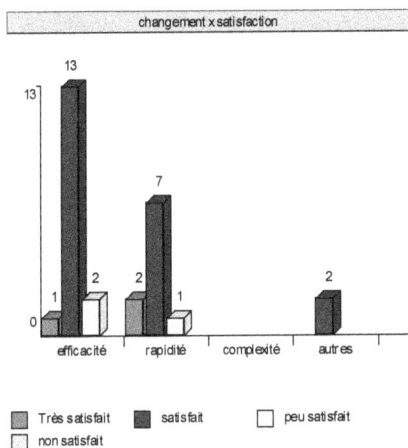

changement x satisfaction

Très satisfait   satisfait   peu satisfait
non satisfait

C. COMMENTAIRE

Nous avons élaboré un questionnaire (dont un exemplaire est annexé au rapport) lui permettant de recueillir les avis du personnel de la société ONAPAR objet de la certification décidée par ses dirigeants .L'exploitation des réponses obtenues auprès des 24 salariés concernés est ventilée dans les tableaux ci-joints

L'analyse du test soumet au personnel dégage les conclusions suivantes :

- La structure des 24 salariés de la société révèle une prépondérance du sexe féminin 17(70,8%) par rapport au sexe masculin 7(29,2)

-La tranche d'âge 35-45 ans représente 45,8% de l'effectif suivie de celle des 25-35 ans à concurrence de 37,5%Ces deux catégories totalisent 83,3% de la population employée.

- Les cadres moyens occupent la première position puisqu'ils occupent représentent 62,5%(15) du total du personnel employé.

-Le dispatching du personnel au sein des différents départements de la société nous renseigne que 53,3%(14) sont affectés à des missions itinérantes. Ce qui signifie que l'activité de l'entreprise est axée sur l'activité commerciale

-50% du personnel employé a moins de 2 ans d'ancienneté .Ceci traduit le caractère récent de la création de l'entreprise

-En réponse aux questions relatives aux motifs de la démarche de la certification, 37,5% (8) des salariés estiment qu'elle vise l'amélioration du chiffre d'affaires, 33,3% (8) pensent qu'elle permet de satisfaire la clientèle et de réduire les coûts de production .Le cumul de ses deux réponses totalise 70,8%(17) des salariés interrogés

-Concernant l'appréciation de l'action de communication de la certification : 54,2% (13) des salariés ont manifesté leur adhésion au processus du changement alors que 45,8% (11) ont émis un avis contraire

-S'agissant de l'implication dans la réalisation des attentes de la certification, 54,1% (13) des salariés ont été associé au projet tandis que les 45,9%(11) autres ont exprimé des avis divergents

-Au sujet de la qualité du travail que procurera la certification une fois réalisée : 91,66% (22) salariés questionnés affirment que leurs tâches deviendront efficaces et rapides par rapport à la situation antérieure

-A la question relative au niveau de satisfaction du système de management de la qualité de l'entreprise :79,2%(19) salariés ont manifesté leur entière satisfaction quant à ce changement .Ce résultat dénote que la certification initiée par les dirigeants d'ONAPAR a été correctement pilotée afin d'éviter les écueils qui pourraient se dresser contre son aboutissement.

V) CONCLUSION

Afin d'aboutir au mieux la politique de changement optée par ONAPAR-MARODEC, plusieurs actions préventives permettant d'éliminer les causes de non-conformités potentielles ont été menées, parmi celles les plus importantes, les actions qui ont eu un impact direct sur le personnel de cette organisation, elles se présentent essentiellement dans les recrutements, les mutations et les licenciements.

A. LES MUTATIONS

C'est un acte correctif qu'a mené la direction, pour pouvoir faire face aux exigences de changement.

B. LES RECRUTEMENTS

Une action de recrutement d'un personnel, qualifié et compétant, d'une expérience significative dans le domaine, a été menée, afin d'améliorer en permanence l'efficacité du système de management de la qualité.

C. LES LICENCIEMENTS

Comme reconnu mondialement un changement au sein d'une organisation peut engendrer plusieurs comportements, dont la résistance est le comportement majeur.

ONAPAR-MARODEC, dans sa stratégie de mise en œuvre du changement, que quelques éléments l'ont considérés comme imposée, n'a pas pu échapper à une telle réaction.
Afin de faire face à ce phénomène de résistance l'entreprise ONAPAR-MARODEC, a opté pour le licenciement de toute une direction, qui se composait essentiellement d'un directeur technique et de 3 ingénieurs.

D'ou les membres de l'organisation existants, dans leur grande majorité, n'ont pas leur mot à dire ; ils doivent faire confiance et accepter les bouleversements qui leur sont proposés pour le bien de l'organisation.

Mais malheureusement, Dans la plupart des cas, la confiance attendue ne se manifeste pas. La résistance au changement apparaît ; le changement est douloureux, difficile, et ne s'obtient qu'après avoir surmonté un grand nombre de difficultés.

La constation principale qui se visualise au sein de ce changement ONAPAR-MARODEC est que les individus les moins dynamiques trouvent parfaitement leur compte dans ce contexte.
Les premiers peuvent s'abriter derrière les règles pour se protéger et les autres les détourner à leur avantage. C'est ce qui explique que la résistance au changement s'exprime quels que soient le dynamisme et la motivation des individus concernés.

Brièvement, la qualité au Maroc a évolué la dernière décennie et atteint désormais une certaine maturité. D'un simple phénomène de mode, les systèmes qualité sont devenus des principes de management, d'insertion et de valorisation de la place de l'homme au sein de l'entreprise.
Cette évolution est relativement lente, dans la conduite du changement. Elle reste guidée par les nouveaux besoins de l'entreprise au regard de ces marchés, de plus en plus ouverts.
Ce changement de comportement qui s'opère actuellement est bien le fondement même du principe de mise en place des systèmes organisationnelles.

La certification ISO n'est qu'un outil de la qualité parmi d'autres et n'est plus uniquement un titre de reconnaissance commerciale, une recherche de la compétitivité et de rentabilité.
Elle est aujourd'hui un élément incontournable de progrès, d'amélioration et de pérennisation des entreprises.
L'évolution des pratiques managériale de la qualité et la crainte initiale rencontrée : sur la transparence de gestion, sur le degré de responsabilité des différents acteurs par rapport
à la tâche à réaliser, sur la lourdeur des systèmes documentaires a parfois freiné le développement de la qualité dans les entreprises marocaines.

L'arrivée de la norme ISO 9001 V 2000 s'est tout de même imposée au fil des ans. L'ouverture des marchés, l'avancée des outils des systèmes de mangement qualité ont permis aux PME et PMI de pallier aux faiblesses de leurs structures.

Au Maroc, les accords de libre échanges, l'implication du mangement et de l'encadrement des entreprises marocaines, associées à une forte capacité à intégré de nouvelles sources de progrès, ont permis d'obtenir des résultats probantes, même si on connaît, un certain ralentissement ces deux dernières années.
Le décideur qu'il soit issue du secteur public ou privé doit garder aujourd'hui à l'esprit que le mangement par la qualité est avant tout un extraordinaire vecteur ou outil de progrès et d'amélioration, mais sans oublier ni occulter que ce sont les homme qui génèrent ces améliorations, et sans la prise en compte de l'humain rien n'est possible.

Dans la mondialisation subie aujourd'hui, pétrie d'interdépendances, la démarche qualité doit être basée sur « l'humain, seul capable d'un avenir audacieux, plus juste et plus responsable.

ANNEXE

Questionnaire :

1. Sexe
   - ○ F
   - ○ M

2. Quel Age avez vous ?
   - ○ 20ans-25ans
   - ○ 25ans-35ans
   - ○ 35ans-45ans
   - ○ 45ans et plus

3. Quel est votre niveau de responsabilité ?
   - ○ Employé
   - ○ Cadre moyen
   - ○ Cadre supérieur
   - ○ Autres

4. Depuis Quand avez-vous intégré ONAPAR- MARODEC ?
   - ○ -2ans
   - ○ Entre 2 et 5ans
   - ○ Entre 5 et 10ans
   - ○ Plus de 10 ans

5. Dans Quelle Direction travaillez- vous ?
   - ○ Direction générale
   - ○ DRH
   - ○ Audit
   - ○ Moyens généraux
   - ○ Comptable et financière
   - ○ Autres

6. A votre avis quels sont les motifs de cette démarche ?
   - ○ Satisfaction clientèle, réduction des coûts et formalisation des processus
   - ○ Développement du Chiffre d'affaires et augmentation des bénéfices
   - ○ Renforcer le positionnement de l'entreprise
   - ○ Autres

7. Appréciez-vous l'action de communication de ce projet ?
    o Oui
    o Non

8. vous sentez-vous impliqués dans la réalisation des attentes du projet de certification ?
    o Très impliqué
    o Impliqué
    o Moins impliqué
    o Non impliqué

9. En terme de qualité de travail, que vous procure ce changement ?
    o Efficacité
    o Rapidité
    o Complexité
    o Autres

10. Etes –vous satisfait du système de management qualité de votre entreprise ?
    o Très satisfait
    o Satisfait
    o Peu satisfait
    o Non satisfait

REFERENCES BIBLIOGRAPHIQUES

ARUCHE.J.P. "la qualité du service dans l'entreprise : satisfaction et rentabilité", les éditions d'organisation, paris, 1999

AVEROUS, ERNARD & DANIELE « Mesurer et manager la qualité de service ». Edition INSEP CONSULTING, 1998.

AMADOUR MOULAY ABDELLAH, « La qualité comment s y prendre au MAROC ».2000. **ABDESLAM GUELLAF**, Le Contrôle De l'Etat Sur Le Secteur Des Assurances, 2ème édition 1998.

BARUCHE , JEAN-PIERRE , « La qualité du service dans l'entreprise ».2000.

BADOC, « Marketing management pour la banque et l'assurance européennes », éd. Les éditions d'organisation, Paris,   1986.

BERNILLON.A, O.CERITTI : implanter et gérer la qualité totale, Editions. Organisation, 1988.

BELLAICHE M., L'après certification ISO 9001, 100 questions pour comprendre et agir, 2004.

BELLAICHE M., Les exigences de management de l'ISO 9001, Mémentos « A Savoir », 2001 **BELLUT S.,** Les processus de la conception. ISO 9000 et performance, 2004.

BOUCHER F., CROGUENNEC B., Comprendre ISO 9001:2008, 2009.

BOUTOU O., LANDY G. SAINTOVIN B., Performance de l'entreprise, 100 questions pour comprendre et agir, 2006.

BRULEBOIS C., PERRENOT G., SAINTOVOIRIN B., 6 Sigma. Le guide !, 2009.

CABY, FRANÇOIS / JAMBART , CLAUDE « La qualité dans les services : Fondement, témoignages, outils »

CAROLE LOGIEZ ELIZABEYH VINGAY « Entreprendre dans les services » CABY, Edition DUNOD, Paris 2001.

CHOVE.J : une nouvelle approche de la qualité, in la qualité de l'entreprise, Editions. d'organisation, 1985.

CALORI.R, AMER.T :l'action stratégique, ed.organisation.1990.

CHUVEL, ALAIN-MICHEL « Au-delà de la certification : de la conformité à la performance »Les éditions d'organisation 1995.

CROSBAY.PH : quality is free, Mac CRAW, HIL BOOK company, new York ; réédité par AFRIQ-AFNOR, sous le titre:management de la qualité, paris, 1983.

GABY E JAMBARE, C. "la qualité dans les services, fondements, témoignages, outils",Economisa, paris, 2002.

CROSBY.PH: quality without tears, Mac grow hill, 1983.

CATTAN M., Pour une certification qualité gagnante. Premiers pas vers la qualité totale, 2009.

CATTAN M., Guide des processus. Passons à la pratique !, 2008.

CATTAN M., Pour une certification qualité gagnante. Avant – Pendant – Après, 2003.

DEMING W.E.,"la qualité :la révolution du management"economica,paris,1998

DEQUATREBARBES B,"usages au ou clients ? marketing et qualité dans les services publics", Editions d'organisation, paris ,1996.

DIRIDOLLOU B, VINCENT C, "le client au cœur de l'organisation : la qualité en action", Edition d'organisation, paris, 2001.

DUMOULIN C. ET FLIPO J.P., "entreprise de services 7 facteurs clés de succès", Les éditions d'organisation, paris, 1991.

EIGLIER P. et LANGEARD E, "SERVUCTION : le marketing de services", MC Graw Hill, paris, 1987.

FLIPO J.P. "le management des entreprises de service "Edition d'organisation, Paris. 1984.

FAIVRE J.-PH., Concevoir et réaliser une enquête de satisfaction clients, Paris, AFNOR, 2001.

FAUGERAS S., Enquête de satisfaction dans le secteur social, Paris, Séli Arslan, 2007.

FLORENCE GILLET-GOINARD BERNARD SENO," Réussir la démarche qualité", Éditions d'Organisation , Groupe Eyrolles , Paris 2009.

FRECHER D., SEGOT J., TUZZOLINO P., Mise en place d'une démarche qualité, 100 questions pour comprendre et agir, 2004.

FRECHER D., SEGOT J., TUZZOLINO P., Les processus, 100 questions pour comprendre et agir, 2003.

FREYSSINET M., PEREZ J.-J., 13 étapes pour réussir votre certification, 2007.

FROMAN B., Du manuel qualité au management de management. L'outil stratégique, 2007.

ISHIKAWA.K : la gestion de la qualité, collection dunod. Entreprise, Edition organisation, 1984.

IRIBARNE P., VERDOUX S., L'autoévaluation des performances à travers le modèle EFQM. Guide de terrain pour réussir, 2005.

IRIBARNE P., VERDOUX S., Prix, modèle & démarches EFQM. Guide de terrain pour réussir, 2005.

JOING J.-L., Auditer l'éthique et la qualité. Pour un développement durable, 2009.

JEAN BRILMAN et JACQUESs HERARD., les meilleurs pratiques du management, 6 éme édition, Editions d'organisation, 6 éme édition Paris, 2006.

JONQUIERES M., Manuel de l'audit des systèmes de management. À l'usage des auditeurs et des audités, 2006.

JURAN J.M, " la qualité dans les services " Edition AFNOR, paris ,1987.

JACQUES DIOUX, « Le guide des services et communication clients : Méthode en 36 actions actives, 2003.

KREBS G., La relation auditeur-audité, 100 questions pour comprendre et agir, 2009.

GADREY J. "l'économie des services ", Edition la découverte, paris 1996.

GADREY J. « Services : La productivité en question », Edition Desclée de brouwer,Paris1996.

GADREY J. « Nouvelle économie Nouveau mythe ? Edition Champs Flammarion, Manche court, 2001.

GALLOUJ CAMAL et FARIDA DJELLAl, « Introduction à l'innovation dans les services » Edition PUG, Grenoble, 2007.

GALLOUJ CAMAL et GALLOUJ FAIZ, « l'innovation dans les services » Edition Econonomica, Paris, 1996.

GALLOUJ CAMAL, « l'économie des services à la personne », Edition Wolters Kluwer, pays bas, 2008.

GILLET-GOINARD F., SENO B., La boîte à outils du responsable qualité,Éditions Dunod, 2009.

HERMEL L., La Gestion des réclamations clients, Paris, AFNOR, 2002.

HERMEL L., Mesurer la satisfaction des clients, Paris, AFNOR, 2001.

MILLOT S S., Enquête de satisfaction, Paris, AFNOR, 2001.

HOROVITZ J , "la qualité de service à la conquête du client "interEdition, paris 1987.

JURAN J.M: Upper management and quality.la direction générale et la qualité, Edition AFNOR, 1982.

KMAIB SAMIL A, stratégies des services :E-Busniness-supplychain",Dunod, paris 2001.

KOLB F, "la qualité .Essaie sur l'évolution des pratiques de management", Vuibert, Paris. 2002.

M.THEVENET : la culture d'entreprise, editions d'organisation, paris,1984.

KOTLER P., BUBOIS B.,"marketing management"7ème edition . publiinion, paris,1992

MADOZ J.-P., L'amélioration continue, 100 questions pour comprendre et agir, 2005.

MATHIEU S., Les référentiels de progrès, 100 questions pour comprendre et agir, 2007.

MITONNEAU H., Réussir l'audit des processus. Un nouveau référentiel pour une nouvelle vision de l'audit, 2006.

MITONNEAU H., L'auditeur qui en savait trop…, 2009.

MONGILLON P., Verdoux (S.), L'entreprise orientée processus. Aligner le pilotage opérationnel sur la stratégie et les clients, 2008.

MOUGIN Y., Les nouvelles pratiques de l'audit de management QSEDD. Qualité, santé et sécurité, environnement, performance et développement durable, 2008.

MOUGIN Y., Manager durablement dans l'efficacité, 2007.

MOUGIN Y., La qualité, c'est facile : j'en fais tous les jours !. Se former à l'ISO 9001, 2007.

MOUGIN Y., La performance ? Soyez tranquille, je la surveille de près !, 2007.

MOUGIN Y., Quel avenir pour les responsables qualité ? Savoir rebondir, 2005.

MONIN J.M., "la certification qualité dans les services: outil de performance et d'orientation client", AFNOR, paris, 2001.

MASAAKI IMAI : kaïzan : la clé de la compétitivité japonaise, ed.EYROLLES, 1994.

MOHAMED AMINE M'BARKI, « Management de la qualité : Concepts, démarche et outils »2008, TOPP PRESS- RABAT, 314 pages.

MICHEL BEAUD, « L'art de la thèse », Edition la découverte, Paris 1985.

M.MERABERT : les maîtres de la qualité, éditée par l'ENORI, Alger, n°26,1990.

NAPOLITANO , GEORGE « Au-delà de la certification : Le partenariat » ,Les éditions d'organisation 1995.

NORMANN R., « Service Management: Strategy and Leadership in Service Business », J. Wiley and Sons, 1984. Traduction française : « Le management des services », Interéditions,1994.

LOVELOCK C., LAPERT D., "marketing des services "publiunion Editions, Paris 1999.

LANGLOIS M., "marketing des services le défi relationnel", Gaétan marin Editeur,Paris, 1992.

NOLLET J., HAYWOOD6FAMER J., "les entreprises de service "bouchrville Gaëtan morin éditeur, 1992.

NORMANN R ., "le management des services théorie du moment de vérité dans les services ", paris : inter Ediction ,1994.

ROGER ERNOUL, le grand livre de la qualité. AFNOR, 2010.

SAULOU J.-Y., Tableaux de bord pour décideurs qualité, 2006.

SEBILO D., VERTIGHEM C., De la qualité à l'assurance de la qualité. Accompagner la démarche, 2007.

T.TAGUCH: les principes de la qualité totale, Ed, organisation, 1989.

THEODORE LEAVITT, « Comment tirer du cycle de vie d'un produit » Harvard l'expansion, 1979.

TESTA J.-P., Selles M., Animer, diriger une équipe, ESF éditeur, 2006.

PINET C., 10 clés pour réussir sa certification QSE, 2009

PERIGORD : réussir la qualité totale, Editions d'organisation ,1992.

J.PROKOPENKO : gérer la productivité, ed.BIT, généve, 1990.

TODOROV B ., "ISO 9000: un passeport mondial pour le management de la qualité " Gaëtan marin Editeur, 1994.

OUDART. A., Les Chargés de relation clientèle face à la lettre de réclamation, Septentrion-Aoudart, 2001.

VINCENT C., Diridollou B., Le client au coeur de l'oraganisation, Éditions d'Organisation,2001.

ARTICLES :

B.FABI : les cercles de qualité : leçon de l'expérience internationale, revue hommes et entreprises, n°4, janv.1996, CERISE ANNABA

David A. GARVIN, la qualité, un nouvel espace de concurrence, Harvard-L'expansion, Eté 1988, pp52-63.

M.MERABERT : les maîtres de la qualité, éditée par l'ENORI, Alger, n°26,1990.

SLAIMI AHMED : pratique et étude comparative des systèmes de suggestion à l'innovation dans le secteur industriel, revue perspectives, N°2, déc.1996, URTSD- ANNABA.

B.FABI : les cercles de qualité : leçon de l'expérience internationale, revue hommes et entreprises, n°4, janv.1996, CERISE ANNABA.

F.MUCCHIELLI : la conduite de réunion, Ed. ERSEP, paris 1987

EL WATAN : Quotidien algérien ,20octobre 1997, p1-2.

EIGLIER P. LANGEARD E. ET DAGEVILLE C., "la qualité de services", Revue française de marketing .n°121.janvier 1989

LE JEUNE M., "un regard d'ensemble sur le Marketing des services ", Revue française de Marketing. N°121.janvier 1989.

LOVELOCK C , "classinfying, service to gain strategy insight», journal of marketing Eté. 1983.

ISHIKAWA.A : les groupes de suggestion,in le japon mode ou modèle ? stratégies et management des entreprises japonaises, Editions FNEGE, paris, n°27-28, sep- oct1980.

INAPI : recueil de textes législatifs et réglementaires régissant la propriété industrielle.

GADREY J "introduction des services du dossier : des services au service" Revue français de gestion, N°113,1998.

SLAIMI AHMED : projet de recherche le management « participatif à l'épreuve de la réalité en Algérie ».1996-1997, URTSD-ANNABA.

SERRAF G., "un service nouveau : l'utra-propre. la convergence des services pour la réalisation d'une fonction de haute exigence qualitative, "revue française de Marketing .N°121.janvier 1989.

ERCE : revue d'entreprise « ciments et dérivés » n°2,1997.

MCI, les chiffres-clefs des services, 2010

Bilan de la compagnie RMA WATANYA.2010

PARASURAMAN A., ZETHAMALL, V.A., BERRY LL., " a conceptual model of service quality and its implications for future research», journal of marketing . vol 49 ,1985.

PARASURAMAN A., ZETHAMALL, V.A., BERRY L., "the behavioural consequences of service quality», journal of marketing .vol60,1996.

PRIGENT ERIC. "certification ISO 9000 et qualité totale :quelle approche Privilégiée? ", Revue économie & comptabilité .N°198.mars 1997.

BERRY L.L. & PARASURAMAN A., « Listening to the Customer, The Concept of a Service Quality Information System», Sloan Management Review, Spring 97, p.65-76.

BOSS J.F., EVARD Y., LEVY J. & MANCEAU D., « Satisfaction des clients et qualité totale : une recherche exploratoire sur les pratiques managériales, leurs déterminants et leursrésultats», Cahier de Recherche, Groupe HEC, 1994.

CHIAPELLO E. & LEBAS M., « The tableau de bord ', a French Approach to Management Information », EAA Conference, Bergen, 2-4 May 1996.

COLLIER D.A., « A Service Quality Process Map for Credit Card Processing », Decision Sciences, vol. 22, 1991, p.406-420.

DURAND E., « Alpha-Assurances : mise en place d'un tableau de bord qualité », Rapport de stage DESS, Paris-Dauphine, 1995.

EVRARD Y., « La satisfaction des consommateurs : état des recherches », Revue Française du Marketing, n°144-145, 1993, p.53-65.

GRONROOS C., « Service Management and Marketing », Lexington Books, Lexington Mass.,1990.

HAYWOOD-FARMER J., « A conceptual Model of Service Quality », International Journal of
Operations and Production Management, vol.8, 1988, p.19-29.

HOFFECHER J. & GOLDENBERG C., « Using the Balanced Scorecard to Develop Company
Performance Measures », Journal of Cost Management, Fall 1994, p.5-17.

KAPLAN R.S. & NORTON D.P., « The Balanced Scorecard Measures that Drive Performance »,Harvard Business Review, January-February 1992, p.71-79.

KAPLAN R.S. & NORTON D.P., « Using the Balanced Scorecard as a Strategic Management
System », Harvard Business Review, January-February, 1996, p.75-85.

KOREN M., KUNST P., LEMMINK J. & ROBERTS H., « Effective Use of Customer and Employee Information », Communication au VI International Workshop on Quality Management in Services, Madrid, 15-16 avril 1996.

LEBAS M., « Performance Measurement and Performance Management », International Journal of Production Economics, vol.41, 1995, p.23-35.

MAISEL L.S., « Performance Measurement: The Balanced Scorecard Approach », Journal of Cost Management, Summer 1992, p.47-52.

MELLAC C., FIOL M. & MACQUIN A., « Relations entre les cadres commerciaux et leurs clients : implications en terme de formation », rapport de recherche, Groupe HEC, mars 1997.

THESES:

*M.SABRI, Les déterminants de la fidélité des clients aux prestataires des services .proposition d'un cadre d'analyse et application au marché bancaire des marocains résidants à l'etranger-PME, thèse de doctorat national, Université sidi Mohamed ben Abdellah, Faculté des sciences juridiques, économiques et sociales, Fès Mai 2010 ;

*K.BENNIS, Contribution à l'étude des conditions d'utilisation du contrôle total de la qualité dans l'entreprise : Cas de l'industrie agro-alimentaire de la région FES MEKNES. Thèse de doctorat national Université sidi Mohamed ben Abdellah, Faculté des sciences juridiques, économiques et sociales, Fès 2004-2005 ;

*M.NOUIGA, La conduite de changement par la qualité dans un contexte socioculturel. Essaie de modélisation systémique et application à l'entreprise marocaine. Thèse doctorale, Ecole nationale supérieur d'art et métiers. Centre d'enseignement et de recherche de Paris. Janvier 2003 ;

*A.CHARBA, Conception et mise en place d'un système qualité dans les entreprises marocaines : les facteurs clés de réussite, thèse de doctorat national, Université sidi Mohamed ben Abdellah, Faculté des sciences juridiques, économiques et sociales, Fès 2001-2002

*B.KIRMI, Contribution à l'étude de la gestion qualité dans les entreprises hôtelières : approches par l'analyse contingentialiste et conventionnaliste (LE CAS DE L'HOTTELLERIE BRUXELLOISE), Thèse doctorale, Université libre de Bruxelles, Institut des sciences du travail ,2000-2001 ;

*S.MSSASI, Un système de gestion intégrale de la qualité en matière de services industriels, Thèse doctorale Université Paris XII-VALDEMARNE, 1998.

*Y.PIRIOU, Assurance qualité de la centrale d'approvisionnement créée par pharmaciens sans frontières : application des normes ISO 9002, Thèse pour le diplôme de docteur en pharmacie, Université de Clermont I, Faculté de pharmacie, 1996.

*MALLERT V., « Une approche de la performance des services fonctionnels : l'évaluation des

centres de coûts discrétionnaires », Thèse, Université Paris IX Dauphine, décembre 1993.

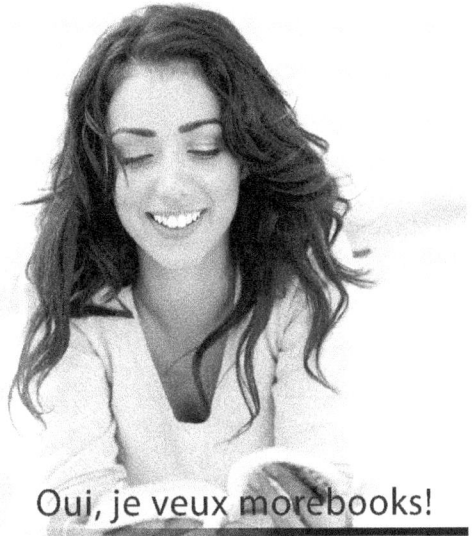

www.ingramcontent.com/pod-product-compliance
Lightning Source LLC
Chambersburg PA
CBHW021610210326
41599CB00010B/686